Soviel habe ich diesen Monat zur Verfügung:

Datum:	Ausgaben/Einnahmen:	Rest:

SOVIEL HABE ICH DIESEN MONAT ZUR VERFÜGUNG:

Datum:	Ausgaben/Einnahmen:	Rest:

SOVIEL HABE ICH DIESEN MONAT ZUR VERFÜGUNG:

Datum:	Ausgaben/Einnahmen:	Rest:

SOVIEL HABE ICH DIESEN MONAT ZUR VERFÜGUNG:

Datum:	Ausgaben/Einnahmen:	Rest:

SOVIEL HABE ICH DIESEN MONAT ZUR VERFÜGUNG:

Datum:	Ausgaben/Einnahmen:	Rest:

SOVIEL HABE ICH DIESEN MONAT ZUR VERFÜGUNG:

Datum:	Ausgaben/Einnahmen:	Rest:

SOVIEL HABE ICH DIESEN MONAT ZUR VERFÜGUNG:

Datum:	Ausgaben/Einnahmen:	Rest:

SOVIEL HABE ICH DIESEN MONAT ZUR VERFÜGUNG:

Datum:	Ausgaben/Einnahmen:	Rest:

SOVIEL HABE ICH DIESEN MONAT ZUR VERFÜGUNG:

Datum:	Ausgaben/Einnahmen:	Rest:

SOVIEL HABE ICH DIESEN MONAT ZUR VERFÜGUNG:

Datum:	Ausgaben/Einnahmen:	Rest:

SOVIEL HABE ICH DIESEN MONAT ZUR VERFÜGUNG:

Datum:	Ausgaben/Einnahmen:	Rest:

SOVIEL HABE ICH DIESEN MONAT ZUR VERFÜGUNG:

Datum:	Ausgaben/Einnahmen:	Rest:

SOVIEL HABE ICH DIESEN MONAT ZUR VERFÜGUNG:

Datum:	Ausgaben/Einnahmen:	Rest:

SOVIEL HABE ICH DIESEN MONAT ZUR VERFÜGUNG:

Datum:	Ausgaben/Einnahmen:	Rest:

SOVIEL HABE ICH DIESEN MONAT ZUR VERFÜGUNG:

Datum:	Ausgaben/Einnahmen:	Rest:

SOVIEL HABE ICH DIESEN MONAT ZUR VERFÜGUNG:

Datum:	Ausgaben/Einnahmen:	Rest:

Soviel habe ich diesen Monat zur Verfügung:

Datum:	Ausgaben/Einnahmen:	Rest:

SOVIEL HABE ICH DIESEN MONAT ZUR VERFÜGUNG:

Datum:	Ausgaben/Einnahmen:	Rest:

SOVIEL HABE ICH DIESEN MONAT ZUR VERFÜGUNG:

Datum:	Ausgaben/Einnahmen:	Rest:

SOVIEL HABE ICH DIESEN MONAT ZUR VERFÜGUNG:

Datum:	Ausgaben/Einnahmen:	Rest:

SOVIEL HABE ICH DIESEN MONAT ZUR VERFÜGUNG:

Datum:	Ausgaben/Einnahmen:	Rest:

SOVIEL HABE ICH DIESEN MONAT ZUR VERFÜGUNG:

Datum:	Ausgaben/Einnahmen:	Rest:

SOVIEL HABE ICH DIESEN MONAT ZUR VERFÜGUNG:

Datum:	Ausgaben/Einnahmen:	Rest:

SOVIEL HABE ICH DIESEN MONAT ZUR VERFÜGUNG:

Datum:	Ausgaben/Einnahmen:	Rest:

SOVIEL HABE ICH DIESEN MONAT ZUR VERFÜGUNG:

Datum:	Ausgaben/Einnahmen:	Rest:

SOVIEL HABE ICH DIESEN MONAT ZUR VERFÜGUNG:

Datum:	Ausgaben/Einnahmen:	Rest:

SOVIEL HABE ICH DIESEN MONAT ZUR VERFÜGUNG:

Datum:	Ausgaben/Einnahmen:	Rest:

SOVIEL HABE ICH DIESEN MONAT ZUR VERFÜGUNG:

Datum:	Ausgaben/Einnahmen:	Rest:

SOVIEL HABE ICH DIESEN MONAT ZUR VERFÜGUNG:

Datum:	Ausgaben/Einnahmen:	Rest:

SOVIEL HABE ICH DIESEN MONAT ZUR VERFÜGUNG:

Datum:	Ausgaben/Einnahmen:	Rest:

SOVIEL HABE ICH DIESEN MONAT ZUR VERFÜGUNG:

Datum:	Ausgaben/Einnahmen:	Rest:

SOVIEL HABE ICH DIESEN MONAT ZUR VERFÜGUNG:

Datum:	Ausgaben/Einnahmen:	Rest:

SOVIEL HABE ICH DIESEN MONAT ZUR VERFÜGUNG:

Datum:	Ausgaben/Einnahmen:	Rest:

SOVIEL HABE ICH DIESEN MONAT ZUR VERFÜGUNG:

Datum:	Ausgaben/Einnahmen:	Rest:

SOVIEL HABE ICH DIESEN MONAT ZUR VERFÜGUNG:

Datum:	Ausgaben/Einnahmen:	Rest:

SOVIEL HABE ICH DIESEN MONAT ZUR VERFÜGUNG:

Datum:	Ausgaben/Einnahmen:	Rest:

SOVIEL HABE ICH DIESEN MONAT ZUR VERFÜGUNG:

Datum:	Ausgaben/Einnahmen:	Rest:

SOVIEL HABE ICH DIESEN MONAT ZUR VERFÜGUNG:

Datum:	Ausgaben/Einnahmen:	Rest:

SOVIEL HABE ICH DIESEN MONAT ZUR VERFÜGUNG:

Datum:	Ausgaben/Einnahmen:	Rest:

SOVIEL HABE ICH DIESEN MONAT ZUR VERFÜGUNG:

Datum:	Ausgaben/Einnahmen:	Rest:

SOVIEL HABE ICH DIESEN MONAT ZUR VERFÜGUNG:

Datum:	Ausgaben/Einnahmen:	Rest:

Datum:	Ausgaben/Einnahmen:	Rest:

SOVIEL HABE ICH DIESEN MONAT ZUR VERFÜGUNG:

Datum:	Ausgaben/Einnahmen:	Rest:

SOVIEL HABE ICH DIESEN MONAT ZUR VERFÜGUNG:

Datum:	Ausgaben/Einnahmen:	Rest:

SOVIEL HABE ICH DIESEN MONAT ZUR VERFÜGUNG:

Datum:	Ausgaben/Einnahmen:	Rest:

SOVIEL HABE ICH DIESEN MONAT ZUR VERFÜGUNG:

Datum:	Ausgaben/Einnahmen:	Rest:

SOVIEL HABE ICH DIESEN MONAT ZUR VERFÜGUNG:

Datum:	Ausgaben/Einnahmen:	Rest:

SOVIEL HABE ICH DIESEN MONAT ZUR VERFÜGUNG:

Datum:	Ausgaben/Einnahmen:	Rest:

SOVIEL HABE ICH DIESEN MONAT ZUR VERFÜGUNG:

Datum:	Ausgaben/Einnahmen:	Rest:

SOVIEL HABE ICH DIESEN MONAT ZUR VERFÜGUNG:

Datum:	Ausgaben/Einnahmen:	Rest:

SOVIEL HABE ICH DIESEN MONAT ZUR VERFÜGUNG:

Datum:	Ausgaben/Einnahmen:	Rest:

SOVIEL HABE ICH DIESEN MONAT ZUR VERFÜGUNG:

Datum:	Ausgaben/Einnahmen:	Rest:

SOVIEL HABE ICH DIESEN MONAT ZUR VERFÜGUNG:

Datum:	Ausgaben/Einnahmen:	Rest:

SOVIEL HABE ICH DIESEN MONAT ZUR VERFÜGUNG:

Datum:	Ausgaben/Einnahmen:	Rest:

SOVIEL HABE ICH DIESEN MONAT ZUR VERFÜGUNG:

Datum:	Ausgaben/Einnahmen:	Rest:

Soviel habe ich diesen Monat zur Verfügung:

Datum:	Ausgaben/Einnahmen:	Rest:

SOVIEL HABE ICH DIESEN MONAT ZUR VERFÜGUNG:

Datum:	Ausgaben/Einnahmen:	Rest:

SOVIEL HABE ICH DIESEN MONAT ZUR VERFÜGUNG:

Datum:	Ausgaben/Einnahmen:	Rest:

Soviel habe ich diesen Monat zur Verfügung:

Datum:	Ausgaben/Einnahmen:	Rest:

SOVIEL HABE ICH DIESEN MONAT ZUR VERFÜGUNG:

Datum:	Ausgaben/Einnahmen:	Rest:

SOVIEL HABE ICH DIESEN MONAT ZUR VERFÜGUNG:

Datum:	Ausgaben/Einnahmen:	Rest:

SOVIEL HABE ICH DIESEN MONAT ZUR VERFÜGUNG:

Datum:	Ausgaben/Einnahmen:	Rest:

SOVIEL HABE ICH DIESEN MONAT ZUR VERFÜGUNG:

Datum:	Ausgaben/Einnahmen:	Rest:

SOVIEL HABE ICH DIESEN MONAT ZUR VERFÜGUNG:

Datum:	Ausgaben/Einnahmen:	Rest:

SOVIEL HABE ICH DIESEN MONAT ZUR VERFÜGUNG:

Datum:	Ausgaben/Einnahmen:	Rest:

SOVIEL HABE ICH DIESEN MONAT ZUR VERFÜGUNG:

Datum:	Ausgaben/Einnahmen:	Rest:

SOVIEL HABE ICH DIESEN MONAT ZUR VERFÜGUNG:

Datum:	Ausgaben/Einnahmen:	Rest:

SOVIEL HABE ICH DIESEN MONAT ZUR VERFÜGUNG:

Datum:	Ausgaben/Einnahmen:	Rest:

Datum:	Ausgaben/Einnahmen:	Rest:

SOVIEL HABE ICH DIESEN MONAT ZUR VERFÜGUNG:

Datum:	Ausgaben/Einnahmen:	Rest:

SOVIEL HABE ICH DIESEN MONAT ZUR VERFÜGUNG:

Datum:	Ausgaben/Einnahmen:	Rest:

SOVIEL HABE ICH DIESEN MONAT ZUR VERFÜGUNG:

Datum:	Ausgaben/Einnahmen:	Rest:

SOVIEL HABE ICH DIESEN MONAT ZUR VERFÜGUNG:

Datum:	Ausgaben/Einnahmen:	Rest:

SOVIEL HABE ICH DIESEN MONAT ZUR VERFÜGUNG:

Datum:	Ausgaben/Einnahmen:	Rest:

Soviel habe ich diesen Monat zur Verfügung:

Datum:	Ausgaben/Einnahmen:	Rest:

SOVIEL HABE ICH DIESEN MONAT ZUR VERFÜGUNG:

Datum:	Ausgaben/Einnahmen:	Rest:

SOVIEL HABE ICH DIESEN MONAT ZUR VERFÜGUNG:

Datum:	Ausgaben/Einnahmen:	Rest:

SOVIEL HABE ICH DIESEN MONAT ZUR VERFÜGUNG:

Datum:	Ausgaben/Einnahmen:	Rest:

SOVIEL HABE ICH DIESEN MONAT ZUR VERFÜGUNG:

Datum:	Ausgaben/Einnahmen:	Rest:

SOVIEL HABE ICH DIESEN MONAT ZUR VERFÜGUNG:

Datum:	Ausgaben/Einnahmen:	Rest:

SOVIEL HABE ICH DIESEN MONAT ZUR VERFÜGUNG:

Datum:	Ausgaben/Einnahmen:	Rest:

SOVIEL HABE ICH DIESEN MONAT ZUR VERFÜGUNG:

Datum:	Ausgaben/Einnahmen:	Rest:

SOVIEL HABE ICH DIESEN MONAT ZUR VERFÜGUNG:

Datum:	Ausgaben/Einnahmen:	Rest:

SOVIEL HABE ICH DIESEN MONAT ZUR VERFÜGUNG:

Datum:	Ausgaben/Einnahmen:	Rest:

SOVIEL HABE ICH DIESEN MONAT ZUR VERFÜGUNG:

Datum:	Ausgaben/Einnahmen:	Rest:

SOVIEL HABE ICH DIESEN MONAT ZUR VERFÜGUNG:

Datum:	Ausgaben/Einnahmen:	Rest:

SOVIEL HABE ICH DIESEN MONAT ZUR VERFÜGUNG:

Datum:	Ausgaben/Einnahmen:	Rest:

SOVIEL HABE ICH DIESEN MONAT ZUR VERFÜGUNG:

Datum:	Ausgaben/Einnahmen:	Rest:

Datum:	Ausgaben/Einnahmen:	Rest:

SOVIEL HABE ICH DIESEN MONAT ZUR VERFÜGUNG:

Datum:	Ausgaben/Einnahmen:	Rest:

SOVIEL HABE ICH DIESEN MONAT ZUR VERFÜGUNG:

Datum:	Ausgaben/Einnahmen:	Rest:

SOVIEL HABE ICH DIESEN MONAT ZUR VERFÜGUNG:

Datum:	Ausgaben/Einnahmen:	Rest:

SOVIEL HABE ICH DIESEN MONAT ZUR VERFÜGUNG:

Datum:	Ausgaben/Einnahmen:	Rest:

SOVIEL HABE ICH DIESEN MONAT ZUR VERFÜGUNG:

Datum:	Ausgaben/Einnahmen:	Rest:

Soviel habe ich diesen Monat zur Verfügung:

Datum:	Ausgaben/Einnahmen:	Rest:

SOVIEL HABE ICH DIESEN MONAT ZUR VERFÜGUNG:

Datum:	Ausgaben/Einnahmen:	Rest:

SOVIEL HABE ICH DIESEN MONAT ZUR VERFÜGUNG:

Datum:	Ausgaben/Einnahmen:	Rest:

SOVIEL HABE ICH DIESEN MONAT ZUR VERFÜGUNG:

Datum:	Ausgaben/Einnahmen:	Rest:

Soviel habe ich diesen Monat zur Verfügung:

Datum:	Ausgaben/Einnahmen:	Rest:

Datum:	Ausgaben/Einnahmen:	Rest:

SOVIEL HABE ICH DIESEN MONAT ZUR VERFÜGUNG:

Datum:	Ausgaben/Einnahmen:	Rest:

SOVIEL HABE ICH DIESEN MONAT ZUR VERFÜGUNG:

Datum:	Ausgaben/Einnahmen:	Rest:

SOVIEL HABE ICH DIESEN MONAT ZUR VERFÜGUNG:

Datum:	Ausgaben/Einnahmen:	Rest:

SOVIEL HABE ICH DIESEN MONAT ZUR VERFÜGUNG:

Datum:	Ausgaben/Einnahmen:	Rest:

Datum:	Ausgaben/Einnahmen:	Rest:

SOVIEL HABE ICH DIESEN MONAT ZUR VERFÜGUNG:

Datum:	Ausgaben/Einnahmen:	Rest:

SOVIEL HABE ICH DIESEN MONAT ZUR VERFÜGUNG:

Datum:	Ausgaben/Einnahmen:	Rest:

SOVIEL HABE ICH DIESEN MONAT ZUR VERFÜGUNG:

Datum:	Ausgaben/Einnahmen:	Rest:

SOVIEL HABE ICH DIESEN MONAT ZUR VERFÜGUNG:

Datum:	Ausgaben/Einnahmen:	Rest:

SOVIEL HABE ICH DIESEN MONAT ZUR VERFÜGUNG:

Datum:	Ausgaben/Einnahmen:	Rest:

SOVIEL HABE ICH DIESEN MONAT ZUR VERFÜGUNG:

Datum:	Ausgaben/Einnahmen:	Rest:

SOVIEL HABE ICH DIESEN MONAT ZUR VERFÜGUNG:

Datum:	Ausgaben/Einnahmen:	Rest:

SOVIEL HABE ICH DIESEN MONAT ZUR VERFÜGUNG:

Datum:	Ausgaben/Einnahmen:	Rest:

SOVIEL HABE ICH DIESEN MONAT ZUR VERFÜGUNG:

Datum:	Ausgaben/Einnahmen:	Rest:

SOVIEL HABE ICH DIESEN MONAT ZUR VERFÜGUNG:

Datum:	Ausgaben/Einnahmen:	Rest:

SOVIEL HABE ICH DIESEN MONAT ZUR VERFÜGUNG:

Datum:	Ausgaben/Einnahmen:	Rest:

SOVIEL HABE ICH DIESEN MONAT ZUR VERFÜGUNG:

Datum:	Ausgaben/Einnahmen:	Rest:

SOVIEL HABE ICH DIESEN MONAT ZUR VERFÜGUNG:

Datum:	Ausgaben/Einnahmen:	Rest:

SOVIEL HABE ICH DIESEN MONAT ZUR VERFÜGUNG:

Datum:	Ausgaben/Einnahmen:	Rest:

SOVIEL HABE ICH DIESEN MONAT ZUR VERFÜGUNG:

Datum:	Ausgaben/Einnahmen:	Rest: